PAROLES, *paroles*

JEAN-FRANÇOIS CASABONNE

Une girafe et un pont

ÉDITIONS
SOMME
TOUTE

UNE GIRAFE ET UN PONT
a été publié sous la direction de Renaud Plante.

Illustration de la couverture (*Une girafe et un pont*) : Marc Séguin
Illustration de *L'inconnu zigzag* : Stéphanie Béliveau
Conception et design graphique : Maïa Pons & Les Éclaireurs
Direction de la production : Marie Lamarre
Révision : Jenny-Valérie Roussy
Correction : Véronique Papineau

ISBN papier 978-2-924283-42-4 ♦ epub 978-2-924283-43-1 ♦ pdf 978-2-924283-44-8

Nous remercions le Conseil des arts du Canada de l'aide accordée à notre
programme de publication et la SODEC pour son appui financier en vertu
du Programme d'aide aux entreprises du livre et de l'édition spécialisée.

Nous reconnaissons l'aide financière du gouvernement du Canada par
l'entremise du Fonds du livre du Canada (FLC) pour nos activités d'édition.

Gouvernement du Québec – Programme de crédit d'impôt pour l'édition
de livres – Gestion SODEC

Dépôt légal – 2e trimestre 2014
Bibliothèque et Archives nationales du Québec
Bibliothèque et Archives Canada

OK, là, je dédierais ce livre à la lumière,
qui fait pont, entre les branches de l'art.

La lumière de ma vie, c'est ma blonde.

Que le récit de ces deux « spectacles kaléidoscopiques » soit au cœur d'un même livre n'est pas innocent, et que le livre porte le titre *Une girafe et un pont* non plus.

D'abord, ce livre se veut pont. Pont de mots unifiant deux spectacles issus d'une même démarche.
Le premier, *L'inconnu zigzag : spectacle en chantier*, est le terreau du second, *Une girafe et un pont*.
Ils se répondent, cherchant à être l'un pour l'autre un « chaînon liant » suspendu au-dessus d'un monde seul de solitude. Le chemin chorégraphié que trace cette suspension théâtrale, musicale et picturale, étire son cou, long et pensif, vers une rive mystérieuse et inconnue. Le pont qui, dès lors, s'érige – construction d'une charpente réflexive – crée la connexion entre le fruit trop haut à atteindre et la terre trop basse, loin du fruit. La pensée devient soudainement girafe et, tout bonnement, broute le ciel fruité.

Le point commun de ces objets polymorphes, c'est qu'ils sont tous deux le « chantier des connexions » dans un monde qui, parfois, oui, coupe les ponts. Ou, pire, dans un monde où, souvent, les ponts créés s'écroulent.

Avec ce livre, je souhaite aussi édifier un pont de pollen entre ma modeste plume et votre fulgurante jarnigouenne. « Polliniser » les pensées et inventer – du moins, je l'espère – un ponceau fertile qui pourrait faire pousser dans la tête, des girafes poétiques pour ensuite, sans qu'elle s'éjarre le fond de la cervelle, brouter ce ciel à perpète.

L'INCONNU ZIGZAG

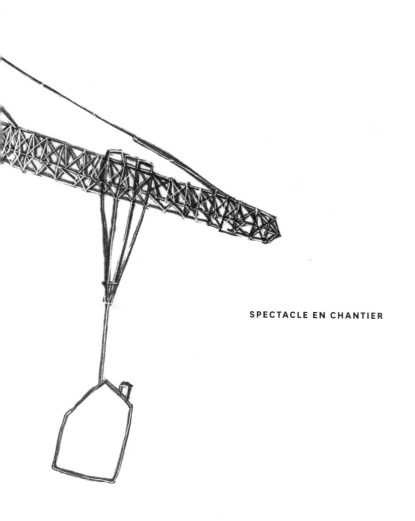

SPECTACLE EN CHANTIER

OK, là, ça commencerait, on serait dans le noir, puis je dirais : « Je suis du ciel, de poussière du dos de la lune, je suis Mars en octobre avant le big bang – l'inconnu zigzag. Une irrésistible poussée-cheval me lance ici. Comme la feuille de l'arbre tombe, j'atterris à côté du temps, pas loin de toi. J'arrive juste au moment où tu regardes tes mains. Leurs veines gonflées immobilisent mon souffle. Tu dévalises mes balises, me devines et me respires : je te laisse totalement faire. Je suis une maison tenue suspendue par un héron mécanique. Dedans, il y a à peu près tout, sauf... »

Là, les lumières s'ouvriraient, mais pas trop. Moi, je sortirais de la colonne, comme on pourrait sortir d'un trombone, en faisant une sorte de danse zigzag. Je serais un symbole vivant qui se meut. Le symbole de l'anti-ligne droite, un zigzag antilope, un zigzag maladroit, adroitement gauche.

Je ferais ça un p'tit boute, le temps que les boutes se raboutent. Ça serait comme si j'étais là depuis toujours. Vous aussi, d'ailleurs.

Là, les musiciens arriveraient : les deux Hamel, Vincent l'homme-piano, Charles l'homme-guitare, suivi de l'autre Charles, mais celui appelé Duquette, Henri pour les intimes, l'homme-percu ; et j'aurais dû la nommer en premier, la femme à la contrebasse-éléphant, Mariane Deschamps (ou la femme à la

contrebasse de bonheur, Marie-Claude Tardif,
de bonheur tardif).

Pendant qu'ils s'installeraient s'amorcerait
la construction d'une atmosphère de charpente.
L'idée serait que tout se construirait sans qu'on
s'en rende compte, même pas moi. Moi, je continuerais ce qu'on pourrait qualifier de « danser ». Qu'est-ce
que danser ? D'ailleurs, pendant le spectacle, je poserais des questions, mais je n'y répondrais pas. À un
moment donné, je verrais ma guitare, l'enfourche-
rais, puis j'embarquerais dans les sons qui se seraient
architecturalisés à mon insu en échafaud de notes.
Je me faufilerais dedans, comme là.

LE RAP DU 11

Entendez-vous le tic-tac de la démission
Sentez-vous s'infiltrer en nous l'autocensure
Pourtant, le verbe toujours se fait chair
Mais mon Dieu que Dieu n'y est pour rien
La terre est un trou noir en talons hauts
La terre porte son amour en bandoulière
La terre porte aussi des ogives aux gencives
Et je regarde dans le blanc des yeux l'hiver
Mordre à belles dents dans des rochers gruyères

Entre la guerre sourde et la justice borgne
La paix s'engouffre et murmure son souffle

Depuis le onze septembre fatidique
Je reste vigilant dans ce chaos numérique
Au pied d'une sacoche guirlande
Au pied d'une statue liberté

Ça peut sembler bizarre, commencer le spectacle
par une toune de même. Mais non, ça marche ! Surtout avec ce qui s'en vient qu'on ne sait pas
encore... Non, non... Ça marche... J'continuerais :

Au pied d'une sacoche guirlande
Au pied d'une statue liberté
L'Amérique a les pieds troués
Par trop d'oubli, par trop de harangues
Et moi, je pleure encore les ensevelis
Pendant que M. Bush de son organe
Débouche les grottes afghanes

Entre la guerre sourde et la justice borgne
La paix s'engouffre et murmure son souffle

Tant mieux, se dit-il, moins de talibans
Tant pis pour les civils, les femmes et les enfants
Afin de faire régner un peu de liberté
Il camoufle vanité par vérité
Mister Bush mâche une paix chewing-gum
In the world he is number one
Onze septembre deux mille un
Un trou de plus, deux tours en moins
Désormais, on ne verra plus au loin
Le onze que dessinaient les tours à l'horizon

Entre la guerre sourde et la justice borgne
La paix s'engouffre et murmure son souffle

Pendant que le monde perd la boule
La paix revient à Kaboul !
La paix n'est certes pas tranquillité
Rime encore moins avec armée
Déposer les armes, c'est se défendre
La manière sans doute la plus opérante
Pour que la paix l'emporte sur la guerre
Je jette hors de moi ce désir de dominer
Je jette hors de moi cette paresse à apprendre
Je jette hors de moi cet état d'anesthésié
Je ne laisse plus de place à l'ignorance
Car mon bonheur souvent est inconscience
Quand par ma faute un inconnu connaît l'indigence
Entre la guerre et le terrorisme
Une autre voix se glisse
Une autre voix existe
Celle de la parole.

La contrebasse-éléphant (ou la contrebasse
de bonheur) continuerait en ré, avec un p'tit *beat*,
puis une bit de percu.

Je désenfourcherais ma guit, puis, là, je parlerais
en dansant, mais fixe. Qu'est-ce que danser fixe ?

Je rêve d'une ville
Sculptée de foudre
Ornée de berges vierges
Peuplée de vigne nue
De sable poudre
Et le vent d'ouragan
Serait le roi de la nuit
Dans les draps d'Orphée
Des filles fières
Porteuses de rêve
Des hommes Norvège
Aux âmes fécondes
Aux mains sans glaive
Aux lèvres d'onde
Je rêve d'une ville
Aux yeux de lune
Point d'univers
Ici tendu au creux des dunes
Comme plume brume
Je rêve d'une ville sans fauves, une ville mauve
Aux couleurs d'assaut, blanche, blanche
À cœur de peau
Une ville tortue
Une ville pieds nus
Sans clé ni cadenas, ni fric ni carquois
Une ville avec l'horizon au bout des doigts
Je rêve de toi.

Je courrais, je cours, cours! De toutes mes forces dans le long tunnel digestif d'un aéroport américain, celui de Détroit, on pourrait dire… Pour attraper un avion sans ailes, qui mène dans un état perdu, l'État du père. Qu'est-ce que se trouver?

Et… souvent, les choses arrivent comme un cheveu sur la soupe, comme l'hirsute chanson qui s'en vient… Je regarderais Vincent, qui sait c'est quoi avoir plus qu'un cheveu dans sa soupe. Puis là, je ne sais pas comment, sans que je lui dise, comme par télépathie, il saurait quoi, et bang!

FLUX

Floune fou flux
De traverdure en forme de drain
De vavidul en max au crip du vrax
Machin pul en marche de bulle
Machin pul en marche de bulle
J'ai le revolver au cœur
Et gratte pintentus le feu s'incruste
Au bord du trac t'anime l'albumine
Te mine et t'illumine
Suivre la flèche
Toujours la flèche
Rien que la flèche
Des fous en laisse
Les flèches m'assèchent
Coincé du plexus coincé du plexus

J'ai d'la barbe dans le cerveau
J'enlève mes oreilles y fait trop chaud
Me voilà comme un cadenas pris au piège de sa clé
Coincé du sternum coincé du sternum
Des séquoias sur ma poitrine
Tombent et tombent et crient famine
Les yeux en forme de mangue
Coiffés d'une puce maîtresse
Coincés au creux de la flèche
Au creux de la flèche
Proxipus de flux sans plus de flux immense de fluxuence
Je t'ouvre la panse je trouve le sens
Et frac te morphe, les mains t'enflent
Viande de paon, cheveux au vent
Je te veux vivant
Je te veux vivant.

Je tiendrais ça : la boule. L'enterrerais dans
ma guitare, tombeau de vase, pendant que
le Québec se cherche, des tonnes de gens se trouvent
sous terre. Là, je renfourcherais ma guit, puis
je bâtirais une lucarne sonore, comme là.

LE LOTUS IVRE

Petit comptable à la semaine
Se fait chier à calculer
Laisse tout tomber pour ce plus beau métier
Rêveur de ville son auréole se distille

Ancien clochard de fin de semaine
Maintenant cassé à l'année longue
Businessman de plusieurs peines
Heureux de boire sa dernière blonde

Y gagne sa vie à faire le pauvre
Assis sur Saint-Denis
Comme un lotus qui quête
Y quête de quoi se faire une fête
Des vingt-cinq cents à s'en mettre plein les veines

Y vit une sorte de Tibet occidental
Qui le rend peu à peu Neandertal
Y contemple une bouteille de 50
Pendant que la brume dans son sang fermente

La demie d'un siècle à s'envoyer en l'air
L'autre moitié à se relever
Y crie vers Dieu de fleurir son désert
Espérant une oasis où coule la bière

refrain...

Moi, j'ai une peur bleue des seringues. Y'a juste
les grosses infirmières dodues qui peuvent me faire
des prises de sang. Avec les maigres, mon sang
jamme, jamme net. Probablement parce qu'elles
ressemblent trop à la seringue... En tout cas, mon
sang fige. Avec les grosses dodues, je ne veux pas les
insulter, mais ça coule tout seul... Seul? Qu'est-ce
que couler seul? Qu'est-ce qu'être gros?

Ce soir-là, je n'savais pas
Que jamais plus je n'te verrais
Que là où t'allais, c'était sans retour
Et moi, je t'ai dit à demain

Un noir désir plonge sur toi
Une cantate et une croix
Une sorte de folle allumette
Et moi, je t'ai dit à demain

Si j'avais su deviner
J'aurais détourné le destin
Te faire éviter son grappin
Et moi, je t'ai dit à demain

Tout l'monde me dit de n'plus t'attendre
De la mort on ne revient
Mais moi, c'est plus fort que moi
Chaque soir, j'attends à demain.

Là, je me demanderais où on serait rendus et,
dans les faits, ça serait vrai. Qu'est-ce que le vrai ?

Donc : dans mon éperdu sens, par un phénomène
inexplicable, ma tête basculerait vers le bas, indé-
pendamment de ma volonté. Et je verrais par
hasard une feuille chiffonnée gisant sur le sol.
Je la ramasserais et je me dirais dans mon for
intérieur : qui a bien pu chiffonner ce que je tiens ?

Dessus, je lirais :

« Il y a des gens trou noir. Des gens-siphons par
les ventres desquels, comme un effet miroir,
ils nous gobent tout rond, nous rendent chiffons.
Ainsi font, font, font les siphons humains,
les tartuffes modernes, les professionnels de
la berne. Ces serpents en nous s'immiscent, discrets
mais tellement crasses, derrière visages-écrevisses,
par-devant d'amis portent le masque : suffit d'une
seconde crevasse et, croc, leur poison évince.
Ces huissiers de la zone mince aux ambitions
proportionnelles à leur vide, t'en connais,
j'en connais de ces gens avides, pas besoin
de noms, leur zeste encore infeste.

Bizarre, ce genre d'humains-pestes. La lune te
la promettent, où je pense qu'ils se la mettent.
Ce sont des ostie de dangers. Au revoir, j'existe.
Faut être fait fort, pour à l'autre bout, j'insiste, sortir
intact, vivant, indemne de ces gens trous d'ébène,
de ces faux gentils, de ces Don Quichotte,
ces Don qui fuckent, ces donc de valeur, ces gens
dompteurs d'équivoques, gentrificateurs d'humeur,
commerçants du toc, ces Don Quichotte,
de Don qui croquent. »

Un jour, c'est Don Quichotte
Un autre jour, c'est Don qui croque
Une nuit, c'est Don qui flope
La même nuit, c'est Don qui chuchote
Mais toujours, c'est Don qui veut plus
Don qui frotte
Don qui troque
L'absolu qui choque
À la conquête d'une époque
Mais toujours, c'est Don qui veut plus
Don qui frotte
Don qui croque
L'absolu qui choque
Qui le mène, qui l'emporte, l'emporte

(voix de mister big shot)
I love New York
It's a beautiful city
And I love standing ovations
Standing ovations.

Au revers de lui
Vers l'étoile qui luit
Pour une gloire sans fin
Qui jamais ne le rassasie
Il se perd dans le désespoir
De la gloire, la gloire d'un soir
Jamais être tout simplement lui
Il se perd dans le désespoir
De la gloire, la gloire d'un soir
Jamais être tout simplement
Tout simplement lui, lui.

(voix de mister big shot)
To be or not to be
That is the question
But I love standing ovations
I will buy New York City
Just for myself
Fuck the rest
I only love my left
And fuck the sense

Un jour, c'est Don Quichotte
Un autre jour, c'est Don qui croque
Une nuit, c'est Don qui flope
La même nuit, c'est Don qui chuchote
Mais toujours, c'est Don qui veut plus
Don qui frotte
Don qui troque
L'absolu qui choque
À la conquête d'une époque
Mais toujours, c'est Don qui veut plus
Don qui frotte
Don qui croque
L'absolu qui choque
Qui le mène, qui l'emporte, l'emporte

Là, je serais assailli par une envie irrésistiblement mystérieuse, que j'irais assouvir sur-le-champ, drette-là (il disparaît et revient avec des céleris).

SALSA CÉLERI TIME

(Lui et les musiciens s'empiffrent de céleris)

Là, je jouerais du piano. Je ne sais pas bien jouer de
la guitare, mais encore moins du piano, fait que...
Imaginez, j'mettrais ma casquette. Vous seriez témoin
d'un dos qui danse. Qu'est-ce qu'un dos qui danse?

LA CAVALIÈRE DU VENT

La cavalière du vent
Tout auréolée de robes des champs
Traverse des zones d'ombre
Comme un fantôme
Entre deux mondes
Elle vagabonde
Chevauchant la mort
Sur des serpents diamants
Telle une fakir d'Orient

Elle cherche à faire la fusion
De son corps avec l'horizon
À bout de souffle
À bout de sang
Ses pieds grugent le temps
La mémoire l'ensorcelle
Au paradis du nord
Elle chevauche le rêve
La cavalière du vent

Et cet homme d'outre-mer
Pour qui elle brise toutes frontières
Pour qui elle donne lune et terre
L'emprisonne jusqu'au plus sacré d'elle
La transforme en citadelle
Belle cavalière du vent

Elle cherche dans son corps l'alchimie du firmament
La cavalière du temple ivre
Pénétrée jusque dans ses fibres
Par un vent d'Irlande jaune
Elle bouleverse le silence
De sa danse chromosome
La chevalière du vent

refrain...

Là, je couperais le silence. Mais en vrai, y'en aurait un ben plus long. Style, euh...

LOUP-GAROU

Je l'ai rencontré
Dans un bar de sushis
J'ai rêvé d'un ami
Un rêve que j'oublie
Un exode interplanétaire
Entre deux, deux univers

Une histoire dans la brume
Deux cœurs flambent et fument
Des battements de lune dans leur sang
Deux fusées de chair effervescente
Brûlent à grands coups d'aube
Dans les yeux, les yeux de l'autre

C'est un matin
Tard la nuit
Bras dessus bras dessous
Vieux chum, loup-garou (bis)

Plus tard, dans une taverne de luxe
Où la vie est en habit
Deux époques s'entrechoquent
Comme si nos armures éoliennes
N'étaient que boucliers
Qui tournent sur nous-mêmes
Nous sommes les astronomes
En quête d'espace, d'archipels de miel
De lumière, de valse
Cet homme au cœur de bum a changé ma vie
De brume au clair de lune
De lune au cœur de chum

refrain...

Ni vu ni connu
Ç'a cliqué pis, après, tout a fui
Fugitifs du désert
Deux gars des galaxies sont atterris
En cosmonautes du Moyen Âge
Chevaliers des temps modernes

refrain...

Là, je désenfourcherais ma guit... Et par le même
phénomène de l'éperdu sens, déjà se construirait
une ambiance de vase, cueillie à même une motte
de terre... Non, non, ça ressemblerait trop à
Radio-Canada FM du temps qu'il était au AM.
Ouais, comme ça, c'est ça... Mais ça pourrait-tu
être plus suggéré, moins évident, plus introspectif?
Ouais, belle bouette... On dirait de la vase russe. La
bouette de Tchekhov. Là, le monde l'aurait pognée...

Plein de vase, il avance
Aperçoit sa forêt
Dedans, des bois éléphants
Sept grands pins, n'en voit que cinq
Fera-t-il d'une cime une chapelle?
Du grand chêne près du champ,
un berceau, une usine à glands?
Dans sa forêt, y a-t-il une clairière?
Dans le hêtre, y a-t-il une forêt?
La vase, le vent l'a secouée

Sa peau dune, le soleil en fait son quai
Respire sa médecine
Les bouleaux seront-ils papyrus :
les érables, sucre d'Orient ?
Sa paix, il la veut hors du *highway*
Elle est amidon, pain, copine
Elle est prière, un lieu ciel
L'automne sépare le champ du petit bois
Le vent froid, des bruits d'autrefois
Il marche la lame dans la mire
Dôme vertige
La clarté lui tient la main avec son nez de cerf
Aucun mot n'est refuge
Le silence nu et vitré l'use
Le faucon perché tempête et droit s'amuse
Avec le muet lichen dans le blanc grabuge.

Là, il y aurait une ligne ouverte, ouverte
sur un appel du large intime.

Donc, ça serait pas prévu, j'aurais composé
une nouvelle toune... Je l'essaierais tout seul
à la guitare. Qu'est-ce que jouer de la guitare seul ?
En passant, je m'habite : qu'est-ce qu'une maison ?

J'ENLÈVE MES SOULIERS

L'homme est-il sans relief
Pour avoir tant besoin de chef
Déserte-t-il sa fonction
D'homme qui pense avec passion

Laissez-moi m'interroger
Sur ce drôle d'animal blessé
Laissez-moi m'intéresser
À sa boule déboussolée

Dans ce monde où la vitesse tue
J'enlève mes souliers
Dans ce monde où la vitesse noue
J'enlève mes souliers
Toi qui vis, toi qui meurs
Garde tes pieds
En liberté
Sur le chantier
Des âmes fêlées

Je cesse de courir
D'hyperventiler
J'arrête de mourir
Me jette hors du *highway*

J'espère l'homme neuf
Un homme reboussolé
Je cesse ce mégabluff
Cette joute d'écervelé

refrain...

Les musiciens s'autonomisent, n'est-ce pas magnifique ? Qu'est-ce qu'être souverain ? Je l'aurais essayé…
À chacun sa bibitte… Qu'est-ce qu'une bibitte ?

(Grimace time.)

Ça aussi, je l'aurais essayé…

Là, je dirais : Yochen !

C'est un boulanger à Kamouraska qui vient d'Allemagne. C'est aussi un ami.

YOCHEN

Quand est tombé le mur de Berlin
J'étais loin de me douter
Tombé un jour, au Pèlerin
Sur Yochen, copain rêvé

Qu'est-ce qu'un ami, un vrai copain
Kamouraska et bélugas
En sont témoins tous les matins
Avec le fleuve monte son pain

Qu'est-ce qu'un ami, un vrai copain
Sondez cet homme multigrain
Au bout de ses doigts, soleil vulcain
Au cœur du cœur, chaleur matin

Ses yeux, comme un lever de soleil
Pétrissent l'aurore pour mon réveil

Une brume danse sur le chemin
Je hume l'odeur, fleur de son pain

Hibou de l'aube, je dors encore
Mes rêves hantent sa pâte d'or
L'île aux Corneilles sort du sommeil
Sa femme court, petite abeille

Qu'est-ce qu'un ami, un vrai copain
Sondez cet homme venu de loin
Au bout de ses doigts, soleil vulcain
Que du bonheur dans ce four à pain

Petit matin, petit pétrin
Homme jardin, cousin germain
Le monde entier dedans ses mains
Transforme tout avec un rien

L'amidon et l'amitié
Kayak sur la marée
Que deviendrait notre Québec
Sans cet homme métèque

Qu'est-ce qu'un ami, un vrai copain
Sondez cet homme pèlerin
Au bout de ses doigts, soleil vulcain
Sans toi, l'ami, je crève de faim.

Il y a l'amitié, il y a l'amour. Qu'est-ce que l'amour ?
Il y a plus que l'amour, il y a...

Une maman et sa petite Léa
Sont entrées dans ma vie
Un soir de lune absente, mes yeux tanguent
L'inconnu zigzague en moi
Serais-tu l'aimée de ma vie?

Silence, l'orage au loin gronde
Dans le ciel, les éclairs jazzent
Mes yeux dans tes yeux se propagent,
mystérieuse attirance
Le feu dans tes pupilles danse
Serais-tu mon âme retrouvée?

Audrey, j'te veux dans ma vie
Entre toutes, choisie
Femme de ma vie

Mon corps est un glacier
Ton corps, un volcan, je glisse dans tes angles
Je fonds sur toi comme une mangue
Doucement cueillie à même tes flancs

Belle comme une louve tzigane
Tu réveilles en moi l'Homme
Nous deux, c'est infini, je rêve d'un enfant
J't'en fais l'aveu de toi chus amoureux.

refrain...

Aussi bizarre que cela puisse paraître, à ce stade-ci,
là, je mangerais du papier. Juste pour montrer que
les mots nourrissent autant que la bouffe. Petit geste

subversif, mais doux. Dans un monde idéal, le monde
dans la salle en ferait autant et pourrait manger
le petit programme. Qu'est-ce qu'un programme ?

Mais rien n'est parfait, surtout dans un chantier.

Ce serait comme... une communion de pâte et
papier. Bon, il s'agit de bien mastiquer et, à un
moment donné, les mots du poème sortiraient :

> La liberté rouille
> La nuit lui enseigne la clarté
> À travers sa chevelure ductile
> Il fouille le hublot constellé
> Chevauche l'immensité fœtus
> En lui, une caverne de ciel infini
> Tout bouge.

Encore ? OK, d'abord...

> La liberté rouille
> La nuit lui enseigne la clarté
> À travers sa chevelure ductile
> Il fouille le hublot constellé
> Chevauche l'immensité fœtus
> En lui, une caverne de ciel infini
> Tout bouge.

Encore ? Non. Je ne le redirai pas.

Là, je poserais ma boulette de papier mâché sur le micro pour qu'elle me regarde : il y aurait une grosse interrelation entre ma boulette et moi, un totem de mots. Je poursuivrais en disant le mot *kwe*, qui veut dire en langue autochtone « bonjour ». Kwebec !

Puis je dirais le mot *mochum*, qui veut dire « grand-père ». *Mochum kwe kwe* : « Bienvenue, grand-père. » Il faut savoir que les grands-pères chez les autochtones sont représentés dans les *sweat lodges* par des roches brûlées à vif déposées dans un trou dans une tente. J'essaierais avec cette chanson de créer un *sweat logde* urbain, un lieu d'incandescence où le monde serait les roches, et moi, le trou. Gros programme.
Qu'est-ce qu'un programme ?

KWE

Au creux du ventre de la terre
J'ai sué toute la peine de mon corps
Je suis une rivière
Qui s'évapore, vapeur de nuit
Sous la lune, au flanc du feu

Au creux du ventre du ciel
J'ai sué toute l'âme de la pierre
Je suis une rivière
Au nombril chaud de la terre mère
Senteur de cèdre dans mes veines
Au creux du ventre de la pierre

J'ai vu sourire une lumière
Je suis une rivière
Le grand esprit comme sur une enclume
Pose sur ma tête rouge sa plume

Kwe Kwe Mochum Kwe Kwe Mochum
Kwe Kwe Mochum Kwe Kwe Mochum
Kwe Kwe Mochum Kwe Kwe Mochum
Kwe Mochum Kwe

J'ai senti au cœur de la pierre
La mémoire vive de la terre
Je suis une rivière
Qui coule au ventre de mes grands-pères
Une onde douce millénaire

J'entends le tam-tam de mon cœur
Cogner au tympan de mes peurs
Je suis une rivière
Mon corps fœtus est une oreille
J'apprends la sagesse de la terre

Au creux du ventre algonquin
J'épouse la chaleur de leurs mains
Je suis une rivière
J'écoute le loup hurler à l'aigle
Leur secret deviendra mien

refrain...

Ici, c'est une toune qui aurait absolument besoin
de présentation, mais je n'y arrivais pas. Pourquoi ?
Pourquoi ? Pourquoi ?

JE RÊVE DE NOUS

T'en souviendras-tu dans cent ans
qu'une bande à la mémoire retrouvée
A eu le front de son fleuve, estuaire sur le ciel
Avec des mots de partout,
devenus d'ici, devenus chez nous
Dans une langue «fluvienne», de l'eau, un pays
Tous descendants d'immigrants,
nos rêves se sont métissés
Je nous vois entrelacés jusqu'au-delà de la lune
T'en souviendras-tu dans cent ans,
qu'encore nos bouches comme des rouets
Parleront des mots de laine filés par les baleines

Sur cette terre
Bercée de neige
Entre sud et nord
Je rêve de nous
Je rêve de nous

En ce jour de grand vent
brûle à mes lèvres le oui d'antan
Je dis oui, dis oui, maintenant,
le dirai toujours dans cent ans
Ce petit rêve tout simple, tout grand,
je le sème pour nos enfants

Partout au monde, on rêve d'ici,
trois p'tites voyelles et un pays
Je suis si fier de vivre ici,
ici la vie est comme nulle part ailleurs
Est-ce pour cela que les oies blanches
viennent y faire leur descendance?
Se lancent au nord le long du fleuve,
longent nos regards le long du nord
Elles sont l'avenir, nous le sommes aussi,
nous sommes ensemble notre pays.

refrain...

Je suis total *full* ambigu quand je chante cette
chanson-là. Surtout quand j'arrive dans la passe
« Je suis si fier de vivre ici, ici la vie est comme nulle
part ailleurs... », une injection d'ambiguïté. De quel
« ici » s'agit-il? Qu'est-ce qu'un pays? Qu'est-ce que
la fierté? Nous qui sommes au nord d'Obama, un
pays, pourquoi pas?

D'un autre côté, est-ce vraiment nécessaire?
Ce serait-tu mieux de miser sur le pays intérieur brut?

Et brutalement, je glisse dans ma récession de sens,
dans mon déficit d'être, sur le toboggan du cynisme,
du relativisme, du citoyen-du-mondisme... La fierté,
la seule place où l'on en a collectivement, j'entends,
c'est quand le Canadien gagne. Là, on n'en a! Mais
quand il est question d'ici, du pays... de l'affirmer

juste un peu... Oh! Quoi qu'avec un gars comme Charest au pouvoir, moi, ça me recrinque le Canayien!

Un pays, j'en veux-tu un, j'en veux-tu pas? Chus-tu, chus-tu pas? Là, je commence à m'embourber tellement, je vire au présent. Je cours dans le tunnel qui mène à un avion sans ailes. Je me relativise, je me tire dans le pied de la gauche, j'avance d'un pas, recule de quatre, je souris, puis je survis tout seul au nord d'Obama. Au fond, je suis un ours polaire, citoyen du monde de la gauche, ambivalent dans mon zigzag d'hibernation. Je vends ma peau avant de l'avoir habitée. Je suis-tu fier? Coudonc, je meurs-tu, moi, là? Plus je me creuse, plus je me cale: un vrai Québécois... Un quoi? Voyez, je m'embourbe d'aplomb! « Ici, la vie est comme nulle part ailleurs... » Ben oui, je veux être citoyen du monde aussi, je veux être conciliant, je veux pas écœurer le peuple. Mais si j'arrive à quelque part, n'importe où, pis je dis: « Je suis si fier de vivre ici »... Ah, incapable! Incapable! Voyez, ça ne sert à rien!

Donc, là, ce que je vais dire peut sembler n'avoir aucun rapport, mais juste avant que mon père meure, on était autour de son lit, on formait une couronne humaine autour de lui. Il mourait, c'était ses derniers moments, ses yeux étaient tout desséchés, il souffrait le martyre. Il a trouvé la force de lever les bras, comme ça. Et puis, en les baissant,

il nous a regardés en expirant un souffle interminable.
Comme ça… À la fin, on ne savait pas si son souffle
sortait ou ne sortait plus. Il y a eu un silence. Plus
qu'un silence.

Le chat a miaulé, un miaulement atrocement beau.
Il est parti à la course, est monté en haut, a viraillé
partout, est redescendu, a pissé dans la grosse
plante et est revenu dans la chambre, en faisant
une sorte de danse zigzag. Puis il s'est couché, fixe,
au pied du lit de mon père, mort. Après, dans la
maison planait une paix immense.

UN PEU DE TEMPS

Un peu de sel
Juste assez pour grimacer
Un peu de miel
Juste assez pour effacer
Effacer des larmes de soufre
Sur tes joues creusées de gouffre
Des larmes de sang
Sur ton nez océan
Ta maison, c'est ton corps
Tes pieds, ton transport
Sur le long corridor
L'amour est plus fort que la mort

Combien d'heures restent au temps
Combien d'ancres dans le vent
Un peu de mort, un peu d'aurore

Sur tes yeux matamores
Sur tes yeux matadors.

La vie est un peu de temps
Donné à des libertés
Pour si tu veux
Apprendre à aimer, aimer
Pour la rencontre
De l'éternel amour
Dans le toujours
De l'au-delà du temps
Un peu de temps
Juste assez pour s'aimer
Un peu de temps
Juste assez pour se donner

refrain...

Là, la lumière baisserait, mais pas trop.
Juste assez pour voir les mots.

« Je suis du ciel, de poussière du dos de la lune,
je suis Mars en octobre avant le big bang – l'inconnu zigzag. Une irrésistible poussée-cheval me lance
ici. Comme la feuille de l'arbre tombe, j'atterris
à côté du temps, pas loin de toi. J'arrive juste au
moment où tu regardes tes mains. Leurs veines
gonflées immobilisent mon souffle. Tu dévalises
mes balises, me devines et me respires : je te laisse
totalement faire. Je suis une maison tenue suspendue par un héron mécanique. Dedans, il y a à peu

près tout, sauf tu sais quoi. Alors, aussi simple
que ça puisse être, le ciel tire la langue et se voûte.
Toi, avec tes narines, tu deviens presque bleue,
vrilles des clous, mesures la mesure de tout. Moi,
c'est pas que ça me dépasse – comme quand on
est dépassé par quelque chose qu'on comprend
pas, style un mystère – mais, plutôt, ça me passe
dedans. Et tout de suite. Je sais, pas par la tête,
mais par là où l'on sent que c'est vrai. C'est probablement toi qui me fais ça. Tu me touches, j'explose et
je retourne d'où je viens, mais à l'envers. »

Là, je sortirais, les musiciens resteraient et, s'il y
avait un rappel, je referais la première toune qu'on
a faite au début qui semblait pas rapport, qui fittait
au fond, mais retemporalisée.

RAP DU 11 OBAMA

Entendez-vous, entendez-vous
Il y a quelque chose d'étrange dans les tic-tac
Un vent nouveau souffle dans la baraque
Obama met sur la touche
Le règne d'un zouf, le règne d'un pouf
L'utopie de Martin Luther King
De John Lennon Imagine
Émerge enfin du silence
Fait boule de neige
Boule de rêve immense

Entre la guerre sourde et la justice borgne
La paix s'engouffre et murmure son souffle

Entendez-vous, entendez-vous
Depuis le jour du grand mirage
Sans cesse Bush crache au visage
De l'Amérique et du monde entier

Sa *bullshit* shakée sur l'échiquier
Tombe, tombe à l'arraché
À ton tour, Bush, de crasher

Entendez-vous, entendez-vous
Merci, Martin ; *thank you,* John
Vos rêves nous sortent du *down*
J'ose croire dans le noir
Que le désir croît avec l'espoir
Barack Obama est élu
Pincez-moi, quelqu'un, ai-je la berlue
Aura-t-on jamais vu pareille désintox
Au pays paradis du paradoxe
Obama au bas mot, vu d'ici, vu d'en haut
Donne le ton, donne la donne,
donne-moi donc un peu de ton homme

Entre la guerre sourde et la justice borgne
La paix s'engouffre et murmure son souffle
Entre la guerre sourde et la justice borgne
La paix s'engouffre et murmure son souffle
Entre la guerre sourde et la justice borgne
La paix s'engouffre et murmure son souffle.

UNE GIRAFE ET UN PONT

OK, là, ça commencerait un peu comme mon premier show, mais pas pareil. S'coup-là, on s'rait dans une espèce d'espace-œuf, d'espace-pont, un lieu au milieu duquel trônerait une énorme marmite qu'on verrait s'dessiner comme drette-là, éclairée par un faisceau intense. Son couvercle s'mettrait à frétiller, et plus encore, jusqu'à être projeté sur la scène comme un volcan qui lèverait son chapeau parce qu'y a trop chaud. Pis là, j'sortirais de la marmite, en remuant dans tous les sens, en émettant aussi une tonne de sons indescriptibles et en dirigeant mon corps vers la zone « pont-girafe » qui s'rait délimitée par un carré lumineux où s'raient écrits en grosses lettres sur le sol les mots « pont-girafe », genre de zone photosensible, le carré des connexions, qui s'dessinerait comme là. D'ailleurs, les choses s'dessineraient pas mal dans l'idéal comme par magie, sans que j'sois toujours en train d'les caller, pis tsé, juste de même en passant, « être trop exigeant, c'est beau, mais souvent, ça fait peur pis ça isole ». À tout bout d'champs, tsé, j'lâcherais une phrase de même pour faire mijoter un brin les cerveaux, une phrase gros sujet, gros verbe, gros complément, p'tit bouillon. Là, la sonnerie d'un cellulaire retentirait, j'm'immobiliserais sur la zone « pont-girafe », pis j'claquerais ma main droite sur la paume de ma main gauche, j'la poserais sur mon oreille gauche, pis j'répondrais frénétiquement à ce qui semblerait être un cellulaire intégré à ma main gauche, tsé, comme un genre d'implant. Sur le rythme de plus en plus effréné de mon soliloque, on percevrait du fond de la scène une silhouette portant une basse électrique en bandoulière qui émettrait un son percussif ressemblant à celui d'un cadran. Y s'rait des fois oui des fois non suivi d'un drôle d'homme moustachu, torse nu avec une cravate autour du cou. Lui ça s'rait le tam-tam-homme, pis ensemble avec l'homme-de-la-base, y f'raient naître la première toune. Donc, j'arrêterais net de parler et j'irais r'joindre ma guitare plantée dans la zone « pont-girafe », pas loin d'la marmite comme là, et me fondrais à la musique de mes essentiels acolytes qui trancheraient radicalement avec l'atmosphère surchauffée du début.

TROP VITE

Toute va trop vite
Besoin d'stopper
Pas mourir
Juste breaker
R'garder l'air passer
Dans un hamac penché
Faire la libellule
Au-dessus des ondes fâchées
S'mettre en orbite
Autour du trop vite
S'imbiber d'atmosphère
Planer dans le rien faire

Prendre le temps de prendre son temps
Débouler de liberté
Prendre le temps de prendre son temps
S'effoirer dedans (bis)

Toute va trop vite
Pus l'temps d'désirer
Tout vouloir tout tout d'suite
Noël chaque jour d'l'année
Je r'garde les arbres pousser
Ça m'pousse à m'ancrer
Je r'garde le monde aller
Ça me pousse à m'pousser
Loin, loin d'icitte
Loin du trop vite
De cet affreux coït
De cette méga *bullshit*

Planté dans la zone « pont-girafe », j'cracherais de façon tout à fait *friendly* : « J'pars le club des anciens vites, notre slogan, c'est : Slaque la poulie, mets-toi à off, ralentis mon kiki, mais l'amour dans l'tapis parce que *that's enough*. » Pis là, à brûle-pourpoint, j'éprouverais un malaise très cardiaque. Les contractions causées par la douleur me précipiteraient involontairement à exécuter une chorégraphie illustrant réalistement un cœur qui éclate, tout cela en proférant une litanie de sacres : « Tabarnak, chus-tu en train de mourir, câlisse ? Coudonc, chus-tu en train de crever, crisse ? Ostie d'tabarnak de

câlisse que ça fait mal. Oh tabarnak de tabarnak !
Oh tabarnak de tabarnak de tabarnak ! » Cette pro-
fération se transformerait en danse et m'amènerait à
m'étaler de tout mon long sur le dos, et je chanterais.

TABARNAK

Tabarnak, de quoi j'me plains?
Gros gras dur, gros gras plein
En plus, j'pète de santé
Ma bedaine éclate, *baby*

J'avance, systématique
La tête pleine de trafic
Tellement convaincu
Ça fait peur, un gros dodu

Écarlate avec ma cravate
Le gaz au fond, au fond poltron
Mes artères se frelatent
À quand le smart, l'échec et mat

Tabarnak, tabarnak, de quoi j'me plains?
Gros gras dur, gros gras plein

On assiste penaud au déclin
De l'homme urbain, de l'homme ego
On arrache l'arachide
De l'homme chaos, de l'homme caïd

Je m'écroule, tellement obèse
Sous le poids de tout c'qui m'faut
D'avoir tout, n'empêche, ça m'affaisse
Et je roule tellement chus gros

Dis-moi, où c'qu'on s'en va?
Avec c'gros gras dans not' capot
D'la boucane dessous mon cerveau
Encore un boute et puis ça craque

refrain...

Là, j'ramperais vers un *rack* d'objets suspendus,
placés non loin de la zone « pont-girafe ».
J'décrocherais un barré de guitare qui deviendrait
pour la circonstance un pistolet, mais en même
temps s'dessinerait à quequ'part un vrai *gun* avec
un cœur dedans qui bat et j'me mettrais à jouer à
la roulette russe en dirigeant le canon de mon
« barré-*gun* » directement dans ma bouche. Avant
d'appuyer sur la détente, j'réciterais a capella quequ'chose qui aurait d'l'air d'une sorte de prière,
tout en plaçant mon « barré-*gun* » sur ma guitare,
et peu à peu, mes hiéroglyphes vocaux débouche-
raient sur une toune-pont.

SUR LE PONT DU TEMPS

Suspendu sur le pont du temps
De l'encre dans le sablier
Suspendu sur le pont du temps
Du sable dans l'encrier

Perdu dans les hauteurs
Naufragé du temps
Les rives disparaissent
Ne reste que suspens
Perché sur le pont du temps
Seul, sans ma boussole
Plus jamais n'attends
Que vienne tourment

Fini le temps
De la honte saugrenue
Qui parcourt, inutile,
Le fond de ma cervelle
Je n'ai plus peur
D'être vivant
D'être fenêtre
Lueur du dedans

refrain...

Pourquoi tant de ponts
Penchés d'incertain?
Pourquoi tous ces liens
Vertiges dans mes mains?
Ne reste que le don
Suspendu de dérive
Liant l'horizon
Aux girafes pensives

Jonché sur le pont du temps
J'observe la lumière
S'asseoir sur le vent
Poussière cavalière
J'voudrais pas crever
Avant que de crever
J'voudrais pas mourir
Sans qu'avoir un peu rêvé

refrain...

En décrochant d'ma guit mon « barré-*gun* » pis en marmonnant un soliloque inaudible, ma bouche remuerait silencieusement, laissant échapper bruits de lèvres mêlés à des clapotis de salive, s'acheminant en crescendo vers :

LE RAP DE L'HOMME

Être homme, juste homme
Un homme homme,
ni plus ni moins, ni rose ni chien
Un *number* d'homme, affranchi de sa bite,
couille que coûte
Un homme orbite dans un monde boyscout
Dans un monde de femmes et d'hommes,
un monde sternum
Stuck-up comme homme ?
Come on! So what ? J'varge
Plus souvent qu'autrement, frappe

Comme homme dans mon île de briques,
dans mon dôme de fric
J'lève ma *fly*, la garnotte, ma vie
La pisse dru, *so what?*
J'm'enfarge dans où ça mène
Lève la taboutte, garroche ma peine
Comme on traîne une vieille haine
C'pas commode, être homme
Juste homme
Un homme homme,
Ni plus ni moins, ni rose ni chien
Un *number* d'homme, tam dili d'homme
Un homme beurré d'homme
Un homme pont
En ce temps pont
Un homme don
Un homme qui s'donne, ni plus ni moins
Ni rose ni chien
Un homme
Rien qu'un homme
Juste un homme homme

J'laisserais tomber devant moi mon « barré-*gun* »
pis sur mes genoux d'hibou, la tête ballante, pendue
à mon cou d'girafe ; j'resterais longtemps à rien dire,
à faire durer un p'tit moment d'entre-deux, pis
j'casserais l'silence : « J'me réoriente dans le domaine
du "rien", pis j'fais une couple d'années là-dedans.
Par contre, faudrait que j'me trouve le remplaçant de
moi-même pour continuer c'que j'fais dans la vie.

Ou ben mieux, que j'prenne ma retraite d'un coup
sec, pis que j'devienne plongeur professionnel.
Tsé, l'genre de plongeur comme Despatie. Mais
un plongeur pas normal, un plongeur spécialisé
en connexion. Parce que y'a un gros manque dans
l'monde de c'branche-là. Ça fissure de partout,
ça craque. On entend la fêlure s'agrandir de jour
en jour. Faut que ça connecte parce que pas
d'connexion, pus d'communion. Pis, où y'a d'la
peur, y'a pas d'union. »

DE QUOI T'AS PEUR

De quoi t'as peur?
De quoi tu te caches?
Qu'est-ce t'attends?
D'aller de l'avant?
Montre donc d'quel bois tu t'chauffes
Langue de bois, langue de tôle
T'en as plein ton casque

De quoi t'as peur?
De quoi tu te caches?
Qu'est-ce t'attends?
D'aller de l'avant?
D'faire de toi un vivant?
Langue de cœur à tout vent
Qu'enfin le monde sache

De quoi t'as peur?
De quoi tu te caches?

Qu'est-ce t'attends?
D'aller de l'avant?
Pourquoi chialer ta race?
Langue molle, langue folle
Trop de chiasse, ça lasse

De quoi t'as peur?
De quoi tu te caches?
Qu'est-ce t'attends?
D'aller de l'avant?
Laisse donc faire le sur-place
Langue de feu, langue de glace
Encore une fois, tu t'casses

De quoi t'as peur?
De quoi tu te caches?
Qu'est-ce t'attends?
D'aller de l'avant?
Envoye, crache le morceau
Langue à boute, langue deboute
Peuple qui s'efface

De quoi t'as peur?
De quoi tu te caches?
Qu'est-ce t'attends?

« Ma patente, c'est quoi? C'est se donner. Se rendre
à l'évidence de l'autre. Devenir vrai. Baisser la
garde, laisser place au don, faire de soi un irrésistible dévasté, laisser l'autre être tsunami qui éclate
mes frontières. Le don abolit les douanes. L'ami

tsunami entre en moi, jouxte ma profondeur, violente mes remparts, j'me laisse par lui me dénuder. Ma patente, c'est ça, j'la donne comme on donnerait en cadeau du Rimbaud. » *By the way*, tsé, des fois, j'me constate pis j'me rends compte que j'sers à rien, tsé, comme une roche dans l'décor d'une falaise qui est belle mais qu'à y s'rait pas qu'ça changerait pas grand-chose, même que l'vent aurait plus de place pour passer. Toute c'te vie donnée dans mon p'tit moi pour me constater ça. Là, ça s'rait dur, mais j'trouverais une manière de me stripteaser l'âme. J'enlèverais mes souliers, retirerais mes bas, les enfilerais dans mes mains comme des gants et adresserais à mes souliers mon *Scaphandre d'âme*, ce poème qui est en fait un écho au *Bateau ivre* de Rimbaud.

LE SCAPHANDRE D'ÂME

Je me tiens dos arqué, corps bombé croche mât
Et le vent d'ouragan niche dans ma voilure
Mon estomac, gonflé du mirage magma
S'offre en poupe d'iris et me voilà fêlure.

Tout l'horizon coule tabarnak en mon œil
Il entre fantasque, fantôme d'océan
Faire bourrasque nid, presque enclume cercueil
En mon ventre faire treuil, bercer mon néant.

Que de temps d'écume, sans trouver continent
Comme si la dérive des eaux souriait
À la lune feu son délire hallucinant
D'échapper dans le ciel Mars et son barillet.

Mes pieds liquéfiés ruissellent sur mes pontons
Ma terre, navire voguant dans le féroce
M'attire aux vastes flans des hanches de triton
Et tel un scaphandre au bout d'une ancre, je rosse

Pris au milieu par mille fleuves typhons.
Alors j'entre dans la démence des abysses
Où des forces harpons, remontées des tréfonds
Percent mon cosmos et mouillent mes rêves bisses.

Fondu aux tonnes de pièges et vierges courants
Le krill assassin danse au bal des gris neurones
Noyé aux profondeurs des couleurs du torrent
J'explose la prison que je suis et couronne

De gigantesques palmes, en ma tête aquarium.
Je trône poitrine nue, roi au fond de moi
Et les pieuvres câlisse au front critérium
M'extirpent du carcan de l'homme et ses émois.

J'avance telle une onde à cheval sur l'eau molle
J'avance, me dilue dans ce galop, oui fou
Je deviens que de l'eau, une onde qui s'immole
Sur l'autel construite de gouttes qui bafouent

Tout l'entendement que porte l'entendement.
Me dépliant dans toutes les directions
Mon âme sous-marin sous les mers diamants
Ne cherche plus, elle trouve, elle est l'action

Du flux et le reflux fougueux du cœur qui plane
Elle est simplement le dedans de ce qui est
Décape, sable, lave et broie le don qui flâne
Restent au bout des doigts miettes de quelques souhaits

Pépites de promesses bleues, de l'or soleil
Traces d'un aveu, comme brillent des yeux doux
Après un long baiser qui embrase d'éveil
Et je me vois pareil à un trésor debout

Fait avec la boue de ciel et l'air des poissons,
Trésor qu'on cherche au fond de soi, trésor d'oubli
Magot enfoui par père et mère hameçons
Trésor qu'on pêche au décor de soi affaibli

Boule de vœux au creux du nœud désert de brume
Miracle du marécage flou de l'enfance
Où par son hublot opaque on voit les plumes
De lucioles à nageoires au dédale des sens.

Je te trouve enfin, toi, fée des monstres heureux
Domptant de ton fouet toutes les frousses mauves
Se frayant chemin ainsi que saumon glaireux
Sextant du matin sur des lèvres d'amour chauve.

Et je me couche dans les draps que sont tes bras
Navigue dans tes méandres de peau nymphe
De peau manteau aux odeurs d'abracadabra.
Mon propre vieux sang se change en neuve lymphe

Je revêts le manteau donc des flots de ton verbe
Manteau de vers, de phrases et d'algues lumière
Puisé à même ta vie. Je croîs telle une herbe
Tout doucement sortie du lit de ta chaumière.

Nous sommes pollen marin, du plancton fécond
Un miel tapi dans les célestes maritimes
Une ruche bateau d'abeilles Tarascon
Nos cerveaux sonnent les cloches de l'intime

Et tout l'univers entend le petit murmure
Qu'est ce plongeon de métamorphose inouïe
Dans le silence du corps dépouillé d'armure
Dans le silence du temps traversé d'un oui.

Se retourner comme un gant à s'en fendre l'âme
Tellement on se touche du dedans dedans
Que la terre en augmente presque sa flamme
Ralenti par ce brusque changement d'Adam.

Mon astrolabe scaphandre d'âme cède
Sous la pression de l'au-delà qui vient d'en bas
Et je monte dans le gouffre d'eau, aucune aide
Le tourbillon m'entraîne vers les hauts-fonds, bah!

Qu'importe, il me reste l'ambiant fluide
Mêlé aux mains phares qui errent alentour
Seul appui tentaculaire océanide
Elle m'enveloppe cellophane vautour

Et je flotte cocon berceau sur la nappe
Dorloté par la marée évanescente
Qui s'étend et imbibe toute la mappe.
Le monde entre dans sa bulle efflorescente

Et l'eau dilatée d'univers mère médite
Serre ses ouïes esseulées sous l'effet pervers
De l'œuf pourri dans sa coque hermaphrodite.
Et je mords à pleines phalanges les ovaires

De l'océan ouvert sous les yeux du vaisseau
Qu'est mon corps scaphandre fendant l'âme sonore
De la terre, dru tourment tempêtant mes os.
Et quand la flasque sphère s'arrache à l'aurore

Comme gicle la lave du pis des volcans,
Moi, bathyscaphe-entrailles, crache au firmament
Ma constellation fauve de crocs piquants
Et tombe dans le dôme du ciel sacrament.

Le temps flotte, le silence règne, une période de suspension s'étire. C'est l'errance dans mon corps d'homme, tellement qu'on vire au présent. Je retire le bas de ma main gauche, je l'jette dans la marmite, amorce le mouvement de l'errance indéfinie en regardant loin et haut, comme le ferait une girafe. J'décroche du *rack* à objets une pomme, croque dedans tout en déambulant pour finir direct dans la marmite. Là, l'essentiel-acolyte-homme-de-la-base introduit avec sa basse un rythme de sons lancé comme une roche du haut d'un lac qui s'déverse sur mon dos girafe. L'homme-tam-tam lui, percutera dans pas long.

Dictateur de moi
Je suis une île
Je me torture à pas de tortue
Je me tords à pas de vertu
Déréliction suprême
J'hallucine ma délivrance
Et traque ma violence
Dissocié dans mon fol exil
Je me torpille une torpeur
Je me tortille de stupeur
Tortionnaire dans l'invisible
Ma vie ne vaut pas plus qu'une guerre
Je n'suis plus que prière

Interrogez le vent
Lui vous dira
Terrible est l'attente
Avant la souffrance

Debout depuis longues semaines
Je me frappe dans tous les sens
Anticipe ma démence
Totalement totalitaire
Je m'enfonce dans mes sables mouvants
J'avoue n'être plus que néant
Je me croise du regard
Et délire de me voir en extase
À cheval sur métastase
Ma torture, ma nourriture
Je me mets au diapason
Me gargarise de déraison

J'y vois de moins en moins clair
Je n'ai plus aucune posture
Me reste celle de l'imposture
Mon architecture, une catastrophe
Voilà où mène mon système
Et deviens l'étranger de moi-même
Je foule des yeux ma solitude
Au milieu d'une foule solitaire
Mon corps encore cimetière
Exilé dans ma propre vie
Ma valise, une terre de terreur
Étrange étranger, je meurs

J'serais surpris parce que j'me serais pas rendu compte d'être arrivé dans la marmite. J'serais tellement surpris que ça m'en ferait sortir. J'irais me planter hagard dans la zone « pont-girafe » avec ma guitare et j'dirais : « Faire le pont, virgule, je cherche à faire le pont, point. Mon corps, virgule, comme un pont, point. Un pont de chair, virgule, au-dessus d'un fjord de marde, point. Un pont long comme le cou d'une girafe-pont, virgule, un pont qui voit loin, virgule, un pont entre les particules, point. Un pont entre les ponts, virgule, un rond-point qui se slaque le pompon, virgule, je cherche à faire le pont, point. »

Es-tu d'ceux qui ont l'buzz?
De ceux qui créent l'événement
Sur qui on flanque le *cruise control*
Quitte à perdre tout entendement?

Es-tu d'ceux pour qui on capote?
De ceux qui créent l'engouement?
De ceux qui font monter la cote?
Salivez, bonshommes financement

Faut qu'ça bouge
Faut qu'ça groove
In ou ben has been
In ou ben has been
'Tention, la vie est trop courte
Prends ton temps quand tu fonces dedans

C'est un piège, être populaire
Très tentant en ce moment
Ton ego, c'pas long, pogne le cancer
C'pas normal, s'booster autant

Moi, ma mère m'aimait tel que chus
Pas besoin d'tant d'épatement
À quand le temps du sans flash?
À quand le temps juste du «ça marche»?

refrain...

La morale, cherchez-en pas
Y'en a peut-être une, qui sait, sur la lune
Moi, je suis d'ceux qui vivent ici-bas
Mon cœur, dans l'tien, mon cœur y bat

Là où j'serais rendu, j'dirais, en attachant un foulard à ma guitare et en installant mon « barré-*gun* » dessus : « Je fais dorénavant partie du nouveau groupe que mon chum a fondé. Parenthèse, mon chum, c't'un drôle de mec. Tsé, le genre de gars quand, mettons, quelqu'un prend une photo, lui, mon chum, y s'lance dans la photo pour être dedans, mais y'arrive toujours une bit trop tard. Ça fait qu'on voit juste un boute de sa face, juste assez pour le r'connaître, si bien que y'est pas tout à fait dans la photo. Mais chose bizarre, sur la photo, même si y'a Brad Pitt dessus, c'est juste lui qu'on remarque. Y veut être dans la photo, mais y'est jamais tout à fait dedans, toujours en marge malgré lui. Peut-être pas si malgré lui que ça... Peut-être parce que y'a peur de devenir un modèle pis qu'on l'r'connaisse... Peut-être parce que y'a pas vraiment l'goût d'être choisi par ceux-là qui décident, qui fait partie du portrait général... Peut-être que y'assume pas que ça l'écœure de jouer la *game* des ouistitis savants acoquinés avec la gang des caniches média-tiques devant une galerie d'pâmés qui s'extasient en faisant à tout bout d'champ des "Oh !" pis des "Ah !" pendant qu'la vie passe, folle, pis la vie molle du monde, aussi... Peut-être qu'y a pas l'goût d'alimen-ter son réseau pour devenir quequ'un, pis qu'la gang de ceux, qui sont déjà toutes des quequ'uns, puisse dire, lui on l'veux dans notre gang, parce que c'est quequ'un, pis dans notre "bande des que-

qu'uns", nous autres on aime les quequ'un,
parce qu'en l'prenant ça nous dore le quequ'un...
Peut-être que y'a peur de la responsabilité qu'une
icône peut avoir, style la responsabilité de transmettre
quequ'chose, n'importe quoi de plus ou moins impor-
tant... Peut-être que y'est tiraillé entre dépendre et
être indépendant, peut-être... En tout cas, toujours
est-il, fin de la parenthèse, que c't'ami-là, y'a fondé
le groupe des acteurs dévoilés. Pis j'en fais partie.
Là, j'ai pas mon voile, parce que, justement, chus
sur scène, la seule place où j'le porte pas. J'donne
ma face à voir, ma face toute nue, ma face qui a
besoin de nul autre signe ostensible que ma face-
pont entre le libre tout seul et le libre ensemble.
Reparenthèse, qu'est-ce que j'ferais avec la croix
du mont Royal ? J'mettrais un voile dessus,
pas une burka ni un niqab, mais un hidjab, pis
j'laisserais ça d'même ! »

TERRE

Y'a des roches, y'a des chaises
Du bois qui sèche sous les arbres
Et le vent coiffe ton regard
Et le lac frissonne
La forêt debout dans le silence, elle danse
Sous le poids de la beauté immense

Terre, sur la terre se taire
S'élancer ensemble dans son silence

Crevasse de vie
Dans la vie qui craque
Chemin fragile de l'ail
Qui pousse même pendant l'hiver
Comme l'ami prend soin de l'ami
Sous le poids de la beauté immense

Mon sang, anguille de sève
Dans l'oblique de tes veines
Courage d'ébène
Serpent fou qui nous lie
Pour sculpter des statues dolmens
Sous le poids de la beauté immense

D'habitude, j'dis tout c'que j'fais, mais là, je l'dirais pas, je l'ferais, sans dire que j'enlève le foulard pis l'« barré-*gun* » de ma guitare : « Tsé, y'a du monde, ils sont comme des citernes percées, tout ce qui leur arrive fuit, le beau comme le laid. Ça coule, ils se réjouissent de rien, ils se rappellent de rien, ils sont incapables de faire le cumul de leurs bons coups, ni de leurs mauvais. Y'en a d'autres, leur citerne a déjà été trouée, mais ils ont trouvé l'astucieux moyen de la colmater avec le *stuff*, tsé, d'la marque "c'est pas si grave, fais avec", j'sais pas si vous connaissez ?
Si bien que ces gens-là, maintenant, ils apprécient ce qu'ils sont et, ça, non seulement ça leur fait personnellement un bien immense mais, depuis, leur entourage jubile. »

C'était beau, c'était triste
Surtout grand, surtout simple
J'étais là, elles étaient là
Près du rocher, comme égarées
Deux oies blanches, l'une avec l'aile cassée
L'autre restait là pour l'accompagner
Bouleversé dans mon canot,
je contemplais de loin cet amoureux duo
Et pensais à mon aile cassée,
mais personne pour m'accompagner
J'étais beau, j'étais triste
Surtout seul en ce mois d'août chaud
Je me disais, ben oui, eux autres, des animaux
Et pis moi, ben oui,
tout un humain seul dans son bateau
C'était beau, c'était triste
Surtout grand, surtout simple
Deux oies blanches, l'une avec l'aile cassée
L'autre restait là pour l'accompagner
Deux oies blanches comme égarées
Deux oies blanches... comme moi esseulé
Deux oies blanches, mais elles, elles étaient deux
Deux oies blanches, mais elles, elles étaient deux

J'ébauche une marche bizarre. Mes pieds semblent
avoir des yeux, mon corps suit mes pieds qui cher-
chent leur équilibre sur le sol. Cette danse-là fait
de moi un être-pont et, c'est plus fort que moi,
ma bouche, malgré moi, prend l'dessus pour dire
le chœur des tabouttes.

Comment veux-tu faire le pont?

Si tu m'dis: j'vote pus, j'crois pus,
j'fourre pus. Si tu m'dis: le Québec
un pays, pfff! On est trop mous, on sera
jamais capable de faire ça. Si tu m'dis:
le Canada, t'as pas le droit d'casser ça.
À défaut de faire ton pays, mise donc
sur le paysage. Si tu m'dis: j't'aime
en t'crachant dessus. Si tu m'dis:
des solutions, cherche pas, y'en a pus.
Si tu m'dis: mon enfant m'exaspère,
un couteau traîne, je l'égorgerais,
j'aurais des remords, oui, mais pas
sul'coup. Si tu m'dis: ma haine sent l'eau
d'Javel, mes gonades, c'est des *guns*, chus
à moi seul un régiment de fantassins.
Un dégât s'en vient, t'entends-tu
les gars crinquer leurs chiens?

Comment veux-tu faire le pont?

Comment veux-tu faire le pont si tu m'dis:
chus d'gauche, mais l'ostie d'race
qui s'promène avec son câlisse de tacot
tout pourri qui tombe en morceaux,
tsé, l'genre avec un hidjab qui couvre
le *hood*? Je l'clairerais du trafic en
l'envoyant par la bouche d'une grosse
grue, son char pis lui d'dans, à ferraille
s'faire effoirer, en y criant "j't'adore"!
J'tu assez d'gauche à ton goût?

Si tu m'dis : pourquoi, parce que toi
ç'a l'air de faire ton total bonheur,
tu boostes tes *mufflers* au point que
quand tu passes dans rue, on s'entend
pus vivre, pis moi, juste comme ça,
pour exercer mes droits individuels,
parce que tout bonnement, ça m'tente,
j'vas-tu chier sul'plancher de ta cuisine,
facque ton câlisse de vacarme que
tu chies à tour de bras dans les oreilles
de tout un chacun, garde-lé donc pour
toi, ostie d'tête de bécosse. Si tu m'dis :
les bicycles à pédales, j'aime ça, mais
j'insiste, les gaz de schiste encore plus.
Si tu m'dis : viens pas m'faire la leçon si
en bicyclette j'brûle un feu rouge, sinon
j't'éclate la tête, ostie d'citoyen-police
à marde. Si tu m'dis : c'est même pas vrai,
la fumée secondaire des cigarettes.
Pis moi, câlisse, j'fume en d'dans,
pis l'amende, j'la payerai. Pis dehors,
sacrament ! Mon botch, je l'jette direct
dans' rue : les cols bleus sont payés
pour ramasser. J'tu assez d'gauche
à ton goût ? Ben oui, chus un paradoxe
sur deux pattes, c'est bizarre ? *So what* ?
Si tu m'dis : oui, j'braille tellement
chus ému quand j'entends gronder
un moteur de formule 1, ça fait-tu d'moi
pour autant un macho, tabarnak ?
Lâche-moi la grappe avec ta câlisse
de manière de m'mettre en canne.
Ah non ? Tu l'prends pas, que j'pense

c'que j'dis? Ben viens avec moi dehors, ·
on va s'comprendre sans rien dire, en
faisant une sorte d'expression corporelle.
Si tu m'dis : Laliberté, Lepage, Dion,
Péladeau, *name it*, nomme-les,
y m'inspirent pas tant que ça.

Comment veux-tu, pour l'amour
du bon Dieu, faire le pont? Comment
veux-tu faire le pont si tu m'dis : depuis
que j'pense vert, chus toujours morose?
D'la viande, oui! De toute façon,
les animaux, y sentent rien quand
on les tue. Des graines, non! Ça, c'est
rien que bon pour ceux qui ont pas
d'couilles. Si tu m'dis : non seulement
chus raisonnable mais, tabarnak,
chus déraisonnable tellement chus
accommodant. Si tu m'dis : j'crois
en Dieu autant qu'tu crois à la démocra-
tie, autant qu'tu crois que ça sert à rien
d'croire, autant que j'décrète qu'y a
une cuisse de Jupiter fondamentale,
c'tu d'ma faute si les droits d'la personne
existent? Si tu m'dis : pour que j'sente
que tu m'aimes, j'ai besoin qu'tu me
l'prouves à toutes les secondes pendant
une semaine pleine. Malgré ça, comble
de malheur, tes preuves, aussi vraies
qu'elles soient, me laissent coi.
Le problème, ça a beau être moi, mais
dans l'portrait, t'en fais partie en crisse.
Si tu m'dis : à part toi, toute,

mais vraiment toute dans' vie m'écœure,
me crois-tu, même si tu sais qu'y a pas
plus menteur que moi? Si tu m'dis: le pire,
c'est pas l'pire. Si tu m'dis: j'aime la
guerre, pis y'a pas mieux pour redresser
l'économie. Si tu m'dis: tant que y'aura
des terroristes pour faire marcher leurs
moteurs à haine, c'est l'meilleur moyen
de rester vigilant de c'bord-citte de
l'océan. Comment veux-tu faire le pont?

Comment veux-tu faire le pont si
tu m'dis: à quoi ça sert une femme si,
de toute façon, les enfants, c'est inutile?
Si tu m'dis: une femme, les gars,
ça la r'garde de haut en bas: en général,
ça la scanne, comme à la chasse
on chasse, y s'attaquent globalement
à leurs seins, pis s'il leur reste du temps
– mais ça, c'est rare – à leurs yeux.
Si tu m'dis: les gars, c'est des missiles-
cruise de filles en aiguilles, pis de gars
en dégât depuis le début de l'humanité.
Si tu m'dis: j'abonde et je bande.
Comment veux-tu faire le pont?

Comment veux-tu faire le pont si
tu m'dis: y'est quatre heures du matin
pis chez nous, y fait chaud, on crève,
une vraie canicule de cul. Dans ma
chambre à coucher qui donne sur
la chambre du bébé du voisin qui vient
d's'arrêter de chialer, l'calvaire – après

au moins trois heures, ostie –, chus sens
d'sus d'sous, dans tous mes états.
Y'a beau pus pleurer, dans mes oreilles,
j'l'entends encore tinter. Le jour se lève,
pis les corneilles piaillent : j'dors pus.
Y'a pas d'femme dans mon lit. L'Internet,
ça me déprime. Ben j'me crosse,
pis j'viens. Ça m'remplit de m'vider.
L'insomnie me gangrène. L'ostie d'bébé
se r'met à pleurer. Câlisse, Montréal,
quand y fait chaud, j'tuerais.
Comment veux-tu faire le pont?

Comment veux-tu faire le pont si
tu m'dis : mon père a fait avec moi
comme son père avec lui, deux fuckés,
deux ostie d'dangers. Moi, y'est pas
question que j'fasse pareil, mais j'me
r'garde être avec mon fils, pis câlisse,
plus j'vieillis, non seulement je r'semble
à mon père qui r'semblait à son père,
mais j'agis comme eux autres. J'capote,
crisse. L'hérédité supplante ma thérapie.
C'est trop pour un seul homme, l'homme
de toute façon est de trop. J'capote
tellement chus plein d'*fucked up*.
Si j'étais médecin pis que j'me consultais,
j'me prescrirais l'euthanasie.
Comment veux-tu faire le pont, hein?

Faire le pont, comment faire le pont?

Si j'te dis : faire le pont, dans l'fond,
ça s'rait d'pogner tout l'monde qui pense
pas pareil, d'les mettre dans une grosse
marmite à feu excessivement doux,
d'laisser mijoter longtemps, assez pour
que ça devienne un gros bouillon
d'odeurs tout mêlées qui sent bon
le pas pareil ensemble.

Faire le pont, c'est simple,
c'est faire d'la soupe !

JE CHERCHE MON LOUP

Je cherche mon loup
Où, où, où
À l'étroit de toi
Sauras-tu me dire
Qui je suis au détroit de moi ?
Je cherche mon loup
Où, où, où
Donne-moi la main
Surtout celle que tu caches
Entre tes doigts
Au désert de moi
Entre tes doigts
Je cherche mon loup
Où, où, où
À l'écart de moi
Sauras-tu me dire
Si je fuis au travers de moi ?

Je cherche mon loup
Où, où, où
Donne-moi la main
Surtout celle qui s'efface
Derrière ton chagrin
Une gifle passe
Derrière ton chagrin

Je cherche mon loup
Où, où, où
Tout près de toi
Sauras-tu me dire
Comment faire pour toucher ta joie?
Je cherche mon loup
Où, où, où
Donne-moi la main
Surtout celle qui trace
Mystérieux chemin
Quand nos vies se cassent
Mystérieux chemin

Je cherche mon loup
Où, où, où
À l'envers de moi
Sauras-tu me dire
Sans déguerpir comme font chiens et chats?
Je cherche mon loup
Où, où, où
Donne-moi la main
Surtout pour que tu saches
Que jamais ne serai loin
Enterrons la hache
Que jamais ne serai loin

Une fois, c'est l'histoire d'un ours polaire qui semblait tout à fait écarté mais, en réalité, non ! Bien au contraire, d'une plaque de glace à l'autre, d'un iceberg en train de fondre à un autre tout fondu, il traversa l'océan jusqu'en Afrique, où il rencontra une girafe qui semblait elle aussi écartée mais, en réalité, non ! Bien au contraire, du long de son grand cou, les quatre pattes dans la mer, comme un phare sur le bord de la plage de l'Afrique en émoi, elle guidait l'ours. Imaginez-vous, eh ben, ils se sont mariés. Le célébrant était un prêtre inuit né en Afrique. Tous les humains qui étaient là en revenaient pas. Les animaux aussi étaient flabbergastés : le frette qui s'marie au chaud. Imaginez-vous, ben un an plus tard, ils ont eu un bébé. Une grande girafe au pelage blanc. Astheure, elle est rendue au pôle Nord, pis elle s'en fait pas accroire une miette. Elle r'garde arriver – à cause de son grand cou, pis elle a pas froid une miette – le réchauffement de la planète v'nir s'effoirer sur la banquise. Elle attend pour y parler dans l'casque, qu'y s'en r'tourne d'où c'qu'y vient. Ben imaginez, quand y s'est pointé l'nez, y'a mangé l'pire coup de cou d'sa vie. La girafourse te l'a telle- ment sermonné que y'en a perdu ses dents. Y'a pris ses cliques pis ses claques en effet d'serre, pis y s'en est r'tourné rien qu'sur une gosse s'réfugier dans une jarnigouenne qui avait perdu le goût de vivre. Dites-moi la vérité : quand est-ce que ça va finir, que l'homme va s'prendre toujours pour c'qu'il est pas ?

Dites-moi la vérité, la girafourse, si c'est pas un pont,
qu'est-ce que c'est?

Tu te cherches, déjà tu te trouves
Sur le chemin météore
Tu avances vers ce corps
Ce pays qui t'ignore
Ne te laisse pas déboussoler
Personne d'autre, mieux que toi, sait
Comment percer le mystère
Le secret de tes pairs

Avec toi, tout est possible
D'la lumière même où y'en a pas
Avec toi, ma vie, une cible
Ta lumière au milieu de moi

Dans tes yeux Yucatán
Se déversent tout l'or, toute l'âme
Ton regard Machu Picchu
Le matin déjà m'enflamme
Dans ta brume, un chamane
Son doigt t'indique la manne
Toute la vérité dissimulée dans ta clarté

En toi vit ce pays
Sa terre, c'est ta chair
Ton nom naît de lui
Ton nom, ta patrie

refrain...

Tsé, moi une fois j'arrivais au monde, comme à peu près tout l'monde, par une femme, entre deux jambes, par une mère, un pont de chair, tout plein de son sang, tout plein de mon cri, tout gluant de rouge, ayant jamais gouté à l'air, remplis d'un ventre plein d'un monde incertain. Pis où ça diffère d'avec d'autres histoires similaires, c'est que quand j'ai pour la première fois touché à l'air, ç'a pas été ben ben long qu'on m'a caché, on m'a mis sous l'couvercle, oui, on était fier que j'sois là, on avait l'goût de m'montrer, mais ç'a pas été tout à fait ça. Tsé, comme mettons qu'tu viens d'gagner l'gros lot mais tu peux pas l'dire parce que si tu l'dis, toute s'annule, comme un sort de marde que tu t'jette dessus. C'est dur en chien d'encaisser quequ'chose que tu r'sens tout d'travers par le prisme tout crochi d'une mère qui deal avec l'insensé, pis toi, de toute façon, t'es trop p'tit, tu peux strictement rien à rien, sauf de prendre une grande gorgée d'air pis d'roter le reste qui t'reste à vivre, avec le vide que t'as r'niflé entre deux poffes d'air, mais ça empêche pas qu'ton cœur bat, pis qu'ton sang coule, pis qu'l'air passe par où qui faut qu'ça passe, pis qu'tu manges, pis qu'tu cours, pis qu'tu ris, pis qu'des fois tu pleures, pis tu sais pas tout à fait pourquoi tu pleures, pis un jour, tu finis par le savoir, pis tu pleures pareil, mais tu pleures en sachant que c'que tu commences à voir, c'est que tu t'rends compte que l'air du début d'ta vie, est pas tout à fait rentré avec une certaine certitude, pis tu pleures parce qu'au fond, t'as d'la colère, pis à cause d'elle, t'as d'la misère avec c't'air-là, pis qu'tu comprends que c'qui t'reste, c'est d'faire avec, du mieux qu'tu peux, comme ta mère pis toutes les mères, pis tu peux, si tu veux, embarquer toutes les pères, pis à un moment donné, comme tout eux autres, d'faire de l'air, pis l'souffle, lui, pis l'grand vent de c't'air-là, y vient de toute ceux-là qui, de tout temps depuis le fin fond du monde, font d'l'air en pleurant, même si dans l'tas, y'en a qui savent pourquoi qu'y pleurent.

QUAND...

Quand tout ton corps pis toute ta tête
Voient pus l'soleil r'luire par la f'nêtre
Quand tout ton être est embué d'vague à l'âme
Quand tout ton être s'noie dans d'immenses larmes
Que c'est qu'tu fais, qu'est-ce tu peux faire

Y'a pas plus triste que quequ'un qui pleure
Parce que sa vie sert pus à rien
Y'a pas plus triste que quequ'un qui pleure
Parce que rien sert pus à rien

Que c'est qu'tu fais, qu'est-ce tu peux faire
Quand dans tout ton corps, dans toute ta tête
Y'a pu une goutte de force d'être
Ben tu coules, même si l'soleil r'luit par ta f'nêtre
Que c'est qu'tu fais, qu'est-ce tu peux faire

Que c'est qu'tu fais, qu'est-ce tu peux faire
Ton corps a beau avoir la force d'une machine
Tu coules à pic parce que dans toute ta tête
Les *bearings* dedans sautent par la f'nêtre
Que c'est qu'tu fais, t'as pus d'échine

Y'a pas plus triste que quequ'un qui pleure
Parce que sa vie sert pus à rien
Y'a pas plus triste que quequ'un qui pleure
Parce que rien sert pus à rien
Mais moi, chus là, j'entends tes pleurs
Parce que ta vie sert à ma vie
Mais moi, chus là, j'entends tes pleurs
Parce que sans toi, chus pus rien

Là, j'enlèverais mon chandail, retirerais le bas de ma main droite, ferait un nœud dedans et lui adresserais carré cette réflexion : « Juste comme ça, juste pour dire, quand dans une ville, des oiseaux sans faire exprès te foncent dessus, tu peux commencer à te poser certaines questions. Oups ! Juste comme ça, juste pour dire, j'oubliais... Quand n'importe où des abeilles perdent la carte et, au lieu du miel, se mettent à faire du ketchup, tu peux assurément te poser des maudites grosses questions. Juste comme ça, juste pour dire, quand des gros poissons sur les plages de j'sais pas où par milliers s'échouent, là, c'est pas compliqué, pose-toi de sérieuses mais très sérieuses questions. Oups ! Juste comme ça,

juste pour dire, quand – choisis où – un humain
se pose mais absolument plus aucune question,
tu peux à ce moment-là trouver réponse à toutes
les questions que tu te posais tout à l'heure. »

J'ENLÈVE MES SOULIERS

L'homme est-il sans relief
Pour avoir tant besoin de chef
Déserte-t-il sa fonction
D'homme qui pense avec passion

Laissez-moi m'interroger
Sur ce drôle d'animal blessé
Laissez-moi m'intéresser
À sa boule déboussolée

Dans ce monde où la vitesse tue
J'enlève mes souliers
Dans ce monde où la vitesse noue
J'enlève mes souliers
Toi qui vis, toi qui meurs
Garde tes pieds
En liberté
Sur le chantier
Des âmes fêlées

Je cesse de courir
D'hyperventiler
J'arrête de mourir
Me jette hors du *highway*

J'espère l'homme neuf
Un homme reboussolé
Je cesse ce mégabluff
Cette joute d'écervelé

refrain…

Une fois la chanson terminée, je r'tournerais dans la marmite et trouverais une manière de me dévêtir au complet. Mais le hic, c'est qu'on arriverait jamais à me voir totalement nu, puisque j'aurais une bonne dizaine de bobettes à enlever. Tout en me dévêtant, la lumière s'éteindrait en *fade out* jusqu'au noir total pendant que mes essentiels-acolytes me tireraient hors de scène. La marmite s'rait munie d'un système roulant. J'dirais tout en sortant : là, on entendrait le clic d'un *gun*, mais qui f'rait pas pow, rien que clic, pis lentement, pas plus compliqué qu'ça, ça s'rait tout simplement la fin, point.

TABLE DES MATIÈRES

Achevé d'imprimer en mai 2014
sur les presses de l'imprimerie Gauvin.

Cet ouvrage est entièrement produit au Québec.